Ho'oponopono para todos os dias

MARIA-ELISA HURTADO-GRACIET

Ho'oponopono para todos os dias

Título original: *L'essence de Ho'oponopono*

Copyright © 2014 por Éditions Jouvence
Editions Jouvence, S.A.
Chemin du Guillon 20 – CH-1233 Bernex
http://www.editions-jouvence.ch / info@editions-jouvence.ch

Copyright da tradução © 2019 por GMT Editores Ltda.

Todos os direitos reservados. Nenhuma parte deste livro pode ser utilizada ou reproduzida sob quaisquer meios existentes sem autorização por escrito dos editores.

tradução: Beatriz Medina
preparo de originais: Rafaella Lemos
revisão: Ana Grillo e Sheila Louzada
projeto gráfico, capa e diagramação: Natali Nabekura
imagens: Freepik (fundo de capa e miolo), rustemgurler/iStock (flor da capa)
impressão e acabamento: Bartira Gráfica

CIP-BRASIL. CATALOGAÇÃO NA PUBLICAÇÃO
SINDICATO NACIONAL DOS EDITORES DE LIVROS, RJ

H945h   Hurtado-Graciet, Maria-Elisa
        Ho'oponopono para todos os dias/ Maria-Elisa Hurtado-Graciet; tradução de Beatriz Medina. Rio de Janeiro: Sextante, 2019.
        128 p.; 12 x 18 cm.

        Tradução de: L'essence de ho'oponopono
        ISBN 978-85-431-0626-7

        1. Corpo e mente – Aspectos religiosos. 2. Corpo e mente (Terapia). 3. Cura pela mente. 4. Meditação. 5. Vida espiritual. 6. Perdão. I. Medina, Beatriz. II. Título.

18-54164
                                              CDD: 158.128
                                              CDU: 159.95

Todos os direitos reservados, no Brasil, por
GMT Editores Ltda.
Rua Voluntários da Pátria, 45 – Gr. 1.404
Botafogo – 22270-000 – Rio de Janeiro – RJ
Tel.: (21) 2538-4100 / Fax: (21) 2286-9244
atendimento@sextante.com.br
www.sextante.com.br

SUMÁRIO

A origem do Ho'oponopono e a versão atualizada de Morrnah **8**

Uma história havaiana **14**

Os fundamentos dessa arte de viver **20**

Uma pequena história: meu reflexo no espelho **24**

Tudo começa dentro de nós **31**

Meus pensamentos criam minha realidade **34**

Assumo 100% da responsabilidade **40**

Não sou minhas memórias **54**

Quem sou? A pergunta mais importante **61**

A conexão com nossa criança interior **66**

O papel da mente racional, a consciência **70**

A conexão com nosso eu maior e nossa divindade interior **77**

A quem entregar as rédeas? **85**

As quatro frases **91**

Liberar as expectativas **104**

O estado zero ou estado de vazio **110**

O essencial do essencial **116**

A ORIGEM DO HO'OPONOPONO E A VERSÃO ATUALIZADA DE MORRNAH

Ho'oponopono é uma palavra havaiana que pode ser traduzida como **"pôr as coisas em ordem"** ou **"restabelecer o equilíbrio"**.

O Ho'oponopono que apresentamos neste livro é a versão atualizada de uma antiga tradição havaiana de perdão e reconciliação.

O ritual ancestral, conduzido por um *kahuna lapa'au* (**"sacerdote curador"**), servia para curar enfermidades físicas e psíquicas no seio dos grupos familiares.

Embora esse antigo processo de perdão e reconciliação continue a ser praticado no Havaí, a versão de Ho'oponopono que conhecemos hoje em dia, criada por Morrnah Simeona, é muito diferente, porque é praticada em nível individual, de forma que cada pessoa se converte em seu próprio mestre e curador.

Queremos expressar toda a nossa gratidão a Morrnah Simeona e a todas as pessoas que contribuíram para a difusão dessa mensagem de amor e paz pelo mundo.

Era assim que Morrnah explicava os fundamentos do Ho'oponopono: **"Somos a soma de todas as nossas experiências. Isso quer dizer que acumulamos as lembranças do passado. Quando sentimos medo ou alguma inquietação, se nos observarmos com atenção, nos daremos conta de que a causa dessa angústia é uma lembrança. As emoções vinculadas a essa memória nos** afetam. O subconsciente associa uma ação ou pessoa do presente a algo que ocorreu no passado. Quando isso acontece, as emoções se ativam e surge o estresse."

E acrescentava: "O objetivo principal desse método é descobrir a divindade em nós. O Ho'oponopono é uma dádiva profunda que permite a cada um cultivar uma relação de cooperação com sua divindade interior e aprender a pedir, a cada instante, que nossos erros de pensamento, palavra ou ação se corrijam. Em essência, o Ho'oponopono tem como objetivo a liberdade – a liberação completa do passado."

UMA HISTÓRIA HAVAIANA

Há muito tempo, numa pequena ilha chamada Moloka'i, morava uma velhinha maravilhosa. Ela se chamava Kaili'ohe Kame'ekua. Quando ela morreu, em 1931, tinha mais de 100 anos. A vovó Kame'ekua e sua família contavam muitas histórias às crianças e também ensinavam a elas antigos cânticos e parábolas.

Uma das histórias mais importantes para a família dizia assim: Cada criança nasce com uma vasilha de luz perfeita. Se a criança cuida bem da sua, a luz cresce e se intensifica, o que lhe permitirá realizar proezas incontáveis, como nadar com os tubarões e voar com os pássaros. No entanto, existem elementos negativos que se infiltram na vida da criança...

Há feridas, invejas, irritações, dores...

Essas feridas, irritações e dores são como pedras que vão caindo no fundo da vasilha. Quando se acumulam, elas acabam escondendo a luz. A criança pode se transformar em pedra e se sentir presa. A luz e as pedras não podem ocupar o mesmo espaço.

A vovó Kame'ekua concluía que a única coisa que a criança precisava fazer para que a luz voltasse a brilhar era virar a vasilha e esvaziá-la, porque a luz jamais desaparece. Ela se esconde embaixo das pedras, mas está sempre ali.*

* Trecho do livro *Se reconnecter à la magie de la vie*, de Joyce C. Mills. Courrier du Livre. Inspirado na obra *Tales from the Night Rainbow*, de Pali Jae Lee e Koko Willis.

Não deixe de ler e reler esse conto muitas vezes. Adote a sabedoria inata das crianças, que não se cansam de escutar sempre as mesmas histórias, porque falam diretamente ao coração.

Afinal, a compreensão do Ho'oponopono não acontece no intelecto, mas em outro nível. Por essa razão, é importante deixar de lado tudo o que aprendemos e tudo o que **acreditamos saber** – pois na verdade não passam de obstáculos que nos impedem de alcançar a sabedoria e a luz que todos temos dentro de nós.

OS FUNDAMENTOS DESSA ARTE DE VIVER

O Ho'oponopono nos convida a adotar uma nova forma de estar no mundo. Para compreender melhor essa nova atitude que será integrada à nossa vida, aqui estão alguns princípios que você pode explorar:

> Meus pensamentos criam a realidade física que eu percebo.

> Quando meus pensamentos são puros, criam uma realidade física transbordante de amor e paz.

> Quando estão carregados de lembranças e desprovidos de amor, meus pensamentos se manifestam externamente sob a forma de problemas ou conflitos.

> Sou 100% responsável pelos meus pensamentos e pela realidade física que eles manifestam. Quando reconheço que sou plenamente responsável pelos meus pensamentos, posso começar a transformá-los.

> Nada existe fora de mim. Tudo existe graças aos meus pensamentos.

Esses princípios parecem simples, mas pode ser difícil aceitá-los.

Não se trata simplesmente de acreditar neles, mas de experimentá-los e comprová-los por experiência própria.

UMA PEQUENA HISTÓRIA: MEU REFLEXO NO ESPELHO

Imagine que me levanto de manhã, ainda sonolenta, vou até o espelho e contemplo a imagem de uma mulher. Descubro que ela está com uma mancha enorme no rosto e começo a julgá-la: **"Como está suja!"**

Julgo assim essa mulher desconhecida, quando, na realidade, a imagem é meu próprio reflexo. Com uma esponja, começo a esfregar a mancha que vejo diante de mim, na superfície lisa do espelho. Digo: **"Não se preocupe, vou limpar para você."** Por mais que eu esfregue, a mancha continua ali. Esfrego, esfrego... mas nada acontece.

Então desisto e vou para a sala.

Ao passar diante de outro espelho, descubro outra mulher com a **mesma mancha**. E digo: **"Mas o que há com esses espelhos, que estão todos sujos?"**

Então desperto de repente e percebo que, na verdade, o que estou vendo no espelho é meu próprio reflexo: **"Claro! É um espelho! O que estou vendo no espelho é o meu rosto!"** Assim, pego a esponja e, em vez de limpar o vidro, me olho de frente e limpo a bochecha. E descubro que a mancha começa a desaparecer e que, à medida que ela vai sumindo, o reflexo dela também some no espelho. Isso é Ho'oponopono!

Essa consciência me permite agradecer aos outros, aos problemas, a tudo o que surge na minha vida, porque me oferece a oportunidade de curar e transformar o que habita em meu interior. E, ao mesmo tempo, me torna capaz de dizer **"amo você"** ao espelho, à mancha e a mim, porque no fundo é tudo a mesma coisa. E só conseguirei fazer isso **pelo** amor e **a partir do** amor.

A metáfora do retroprojetor

Imagine que você está projetando imagens com um retroprojetor.

Se uma das imagens não lhe agrada, o que você faz? Vai até a tela onde a imagem está projetada e tenta mudá-la?

Ou pega a transparência que está no aparelho e troca por outra?

Esse exemplo nos mostra, de maneira simbólica, o que fazemos quando tentamos mudar os outros ou as situações externas, acreditando que a causa de nossa tristeza ou de nossa felicidade está no exterior.

Afinal, constatamos que todo esse esforço é inútil, porque, além de ser muito difícil mudar os outros (e de não ser desejável, pois querer mudar o outro equivale a não amá-lo), esse não é o caminho da felicidade. A verdadeira felicidade está dentro de nós.

TUDO COMEÇA DENTRO DE NÓS

Dizemos que todo caminho começa com o primeiro passo, e o primeiro passo na prática do Ho'oponopono é o seguinte: **Tudo começa dentro de nós.**

Como o exterior não passa do reflexo do que temos dentro de nós, sempre que eu tropeçar num problema ou dificuldade devo me perguntar o que, em meu interior, está criando o que vejo ou me fazendo ver as coisas do modo como as percebo. Porque tudo é uma questão de percepção.

Morrnah tinha a seguinte frase pendurada em seu escritório: **"A paz começa comigo."**

O objetivo dessa prática é justamente encontrar a paz dentro de nós.

MEUS PENSAMENTOS CRIAM MINHA REALIDADE

Se me permite, quero convidar você a fechar os olhos e pronunciar três vezes a frase a seguir, cada vez mais devagar, deixando um silêncio entre as palavras...

Meus pensamentos criam minha realidade a cada instante.

Meus pensamentos criam minha realidade a cada instante.

Meus pensamentos criam minha realidade a cada instante.

O que você sente ao pronunciar essas palavras? Sente a responsabilidade que essa frase o convida a assumir?

Se é verdade que meus pensamentos criam a realidade, o que acontece quando tenho pensamentos críticos sobre uma pessoa, quando projeto nela um rótulo e a julgo?

Não estarei, como consequência, criando o comportamento dela?

Será que meus pensamentos, julgamentos e opiniões não exercem influência sobre o modo como essa pessoa interage comigo?

Lamento dizer que sim! Afirmativo! Se não acredita, convido você a tirar a prova. E, como estamos todos conectados, isso também terá consequências para você. Os julgamentos que você projeta nos outros voltam como bumerangues. Talvez essas observações o assustem, mas também é possível que você tenha coragem suficiente para continuar a leitura e, assim, compreender que temos o poder de modificar nossos pensamentos e, desse modo, recuperar a harmonia, a paz e a pureza do coração. Essa é a boa notícia!

Somos criadores.

Nossos pensamentos criam nossa realidade.

Isso pode nos dar medo ou vertigem, mas ao mesmo tempo nos leva a compreender que não somos vítimas impotentes e vulneráveis diante das dificuldades da vida. Assumir a responsabilidade nos permite recuperar nosso poder!

ASSUMO 100% DA RESPONSABILIDADE

Chegamos ao segundo passo do caminho que o Ho'oponopono nos convida a percorrer: **Assumir 100% da responsabilidade.**

É fácil dizer, mas não tão fácil fazer, admito.

Nossa mente encontrará muitas **"razões"** para nos demonstrar o contrário ou arranjará desculpas para não colocarmos isso em prática.

No entanto, esse passo, que representa um verdadeiro salto quântico em nossa evolução, nos conduz diretamente à liberdade.

É, ao mesmo tempo, um ato de coragem e humildade.

Não precisamos refletir nem analisar nada para realizá-lo.

Assumir a responsabilidade é uma decisão. Não é preciso compreender nada. **É fazer ou não fazer**.

Se faço – se assumo total responsabilidade por meus pensamentos – abandono meu papel de vítima impotente e posso iniciar o processo de transformação dos meus pensamentos.

Por outro lado, se teimo em buscar o como e o porquê, dou poder à mente racional e me deixo capturar na teia das lembranças. Também me arrisco a me agarrar à história e às explicações que elaborei, e ficarei preso à necessidade de ter razão.

Feche os olhos e repita a frase a seguir três vezes, muito, muito devagar: **Assumo a responsabilidade pela minha forma de ver as coisas e sei que posso ver o mundo de outra maneira.**

Não sou vítima do mundo que percebo. Essa é a boa notícia!

Porque, quando aceito assumir a responsabilidade por tudo o que me acontece, abandono o papel de vítima.

Para facilitar a compreensão, vou lhe contar uma pequena história que aconteceu comigo.

A pele de cordeiro: abandonando meu papel de vítima

Alguns anos atrás, passei por um período muito difícil na vida, tendo que lidar com vários problemas ao mesmo tempo:

> passei por uma separação depois de vinte anos de vida em comum;

> enfrentei uma demissão e o desemprego;

> vendi a casa que dividia com meu ex-
-companheiro e, por estar desempregada,
não encontrei outra para alugar;

> contraí hepatite e fiquei muito fraca;

> vivenciei o que talvez tenha sido o mais
difícil de aceitar: o falecimento de minha
irmã mais nova depois de uma prolonga-
da doença.

Certo dia, conversando com um velho amigo, eu lhe contei todas as minhas mazelas. Ele me olhou fixamente nos olhos e disse: **"Quando vestimos a pele de cordeiro, o lobo aparece."**

De repente, essas simples palavras despertaram minha compreensão! Enquanto ficasse me lamentando e enumerando as minhas desgraças, continuaria a criar as mesmas situações.

Às vezes, nesses momentos de desespero, acreditamos que vamos atrair o amor e a compaixão dos outros, mas notamos que acontece exatamente o contrário. As portas se fecham e, como a infelicidade assusta, afastamos aqueles que estão à nossa volta.

Foi a primeira vez que compreendi plenamente o que queria dizer **"ser criador"**. Foi como um choque, e no mesmo instante tomei a decisão de deixar de lado o papel de **"pobre vítima"** que atraía os lobos.

Pouco a pouco, as coisas foram mudando. À medida que tomava as rédeas da minha vida, tudo começava a se transformar.

Abandonando também meu papel de salvador

Continuemos com nossa exploração.

Como meus pensamentos criam minha realidade, se eu me identificar com o papel de salvador que socorre os outros, criarei pobres vítimas para poder dar sentido à minha existência.

Ou seja, crio vítimas em minha vida para poder salvá-las.

Podemos ir ainda mais longe ao assumir nossa responsabilidade. Para que uma vítima possa ser vítima, é necessário um carrasco (seja uma pessoa, seja uma situação, como uma doença ou coisa assim).

Então, se eu continuar alimentando meu papel de salvador, criarei vítimas e carrascos em meu universo físico. Essa mera tomada de consciência pode virar de pernas para o ar muitas coisas na vida.

Essas ideias são apenas sugestões de reflexão; portanto não as adote como dogmas. Deixe que germinem na sua vida e observe se são úteis na hora de abandonar certos hábitos ou lembranças.

NÃO SOU MINHAS MEMÓRIAS

Os dois exemplos anteriores (o papel de vítima e o de salvador) nos mostram que todos os papéis que assumimos criam e condicionam nossa vida a cada instante.

O verdadeiro problema é que nos identificamos com esses papéis e esquecemos QUEM SOMOS realmente.

Todos esses papéis, assim como nossos medos, emoções, crenças e opiniões, formam uma espécie de véu que nos impede de ter acesso à nossa verdadeira essência.

E nosso objetivo nesta vida consiste em nos livrarmos dessa casca que CRIAMOS (porque ninguém fez isso por nós) para descobrir O SER PURO DE AMOR E LUZ que somos e sempre fomos.

O que é uma memória?

Uma memória é uma lembrança que se cristalizou no fundo de nosso ser (no subconsciente) sob a forma de emoções, crenças, opiniões ou julgamentos, atitudes e até hábitos.

Essas recordações podem pertencer a esta vida ou a existências passadas e também podem vir de nossos ancestrais.

Todas as lembranças que não foram vividas a partir do amor e da aceitação total ficam bloqueadas em nosso subconsciente e continuam a se manifestar em nossa realidade sob a forma de problemas. Toda vez que surgem, elas nos oferecem uma nova oportunidade de transmutação em nosso interior, uma oportunidade de abrir a porta que fechamos, para que a luz e o amor voltem a entrar.

Morrnah Simeona nos ofereceu um excelente meio de realizar essa transmutação, porque tinha consciência do peso enorme dessas lembranças em cada um de nós e, em consequência disso, em nosso mundo atual.

Chegamos a um momento em que sentimos que é importante aliviar todo esse peso inútil para continuar crescendo em plena liberdade rumo a uma maior consciência e a mais amor.

O Ho'oponopono nos permite fazer isso, cada um em seu próprio ritmo, de modo simples e sem necessidade de mestres ou gurus. Porque está na hora de recuperarmos o controle e sermos autônomos.

QUEM SOU? A PERGUNTA MAIS IMPORTANTE

Tomar consciência de **quem sou** me ajuda a não me identificar mais com minhas lembranças e, assim, a deixá-las de lado com facilidade.

Criei um jogo de cartas com frases e ideias que representam a essência do Ho'oponopono. Numa dessas cartas está escrito **"Lembro quem sou"**.

A imagem dessa carta é uma gota de água que desemboca no oceano. Essa gota, que acha que é independente do resto do mundo, se converte no oceano inteiro ao se integrar a ele. Não há mais separação.

Nicole Dorh, ao falar sobre sua experiência de quase morte (EQM), explica que durante alguns minutos abandonou o próprio corpo e teve a sensação de estar em perfeita união com o TODO. Ela dá o exemplo da **gota de água no oceano** e nos faz a seguinte pergunta: **"Se tivesse que escolher entre ser uma gotinha de água ou o oceano inteiro, o que você escolheria?"**

Todas as pessoas que tiveram experiências semelhantes não hesitam um segundo... E você? O que prefere ser?

"Não és uma gota no oceano. És o oceano inteiro numa gota." (Rumi)

À medida que tomamos consciência da imensidão do oceano que somos, nos distanciamos e deixamos de nos identificar com a carapaça de lembranças, medos, crenças e opiniões que mantêm a ilusão da separação.

"Somos o divino que se esqueceu de si mesmo. Nosso trabalho é restabelecer a conexão." (Satprem. *Mère – Le Matérialisme Divin*).

Para restabelecer essa conexão, examinaremos as diversas partes que nos compõem e veremos como recriar as ligações entre elas para harmonizá-las.

A CONEXÃO COM NOSSA CRIANÇA INTERIOR

Explicamos que as lembranças ficam armazenadas no subconsciente.

Nossa tarefa será entrar em contato com essa parte de nós mesmos para que ela aceite liberar todas as lembranças guardadas. Embora muitas delas tenham origem em vidas passadas – nossas ou de nossos ancestrais –, é comum notarmos que algumas feridas também se cristalizaram durante a infância. Por isso, gosto de usar a expressão **"criança interior"** para designar essa parte de nós mesmos.

A ideia de uma criança desperta um impulso amoroso e nos incita a cuidar dela. É importante abordar esse processo de **limpeza** e transmutação com muito amor, cultivando uma atitude de benevolência, aceitação e atenção.

Para restabelecer a conexão, essa criança precisa ser reconhecida e amada; é assim que se libertará e entregará suas memórias para que sejam transformadas em amor.

O PAPEL DA MENTE RACIONAL, A CONSCIÊNCIA

Quem realiza a transmutação? Como ela ocorre?

Nossa mente racional gosta de conhecer todos os detalhes e explicações das coisas e dos processos. É normal, porque assim ela tem a impressão de que está no controle e se sente tranquila e segura.

O problema reside no fato de que muitas coisas lhe escapam, porque só somos conscientes de uma parte ínfima da realidade.

Nossa mente racional usa os cinco sentidos para apreender a realidade, mas, no fundo, começamos a sentir o que os filósofos da Antiguidade, como Platão, anunciavam: só percebemos sombras da realidade (lembra do **mito da caverna**?).

Mais concretamente, podemos medir os limites da nossa percepção: os órgãos visuais não percebem todas as ondas de luz, como a ultravioleta, os raios infravermelhos, os raios X... que, não obstante, existem.

Nossos ouvidos não percebem, ou pelo menos não percebem de forma consciente, toda a gama de frequências das ondas sonoras. E é uma sorte, devo acrescentar, porque se tivéssemos que ouvir todas as ondas que são transmitidas, enlouqueceríamos!

É assim que muitas coisas escapam à nossa consciência.

Tudo isso significa que a percepção é como um filtro que só deixa passar uma parte das informações. Portanto, saber que há muitas coisas que escapam à nossa consciência permitirá que nos libertemos dessa necessidade de compreender e controlar tudo. Não é nossa mente racional que realiza a transmutação; por isso, não há por que compreender tudo.

O papel dessa parte de nós mesmos consiste em decidir "limpar", "abandonar" ou "liberar"

Podemos escolher entre:

> ficar apegados às nossas lembranças e continuar **reagindo** e nos deixando levar por elas;

ou...

> tomar a decisão de liberar nossas lembranças e transformá-las por meio do amor, confiando-as a essa outra parte de nós diretamente vinculada à nossa divindade interior.

A CONEXÃO COM NOSSO EU MAIOR E NOSSA DIVINDADE INTERIOR

Quando tomamos consciência de que não somos apenas um corpo – essa parte material e visível através de nossos olhos físicos – começamos a nos conectar a essa outra parte, situada em outro nível. Alguns a chamam de **Eu maior**; outros, de **anjo**, **duplo** ou **alma**. O nome não importa. O importante é começar a dialogar com ela.

Essa parte de nós está diretamente vinculada à Fonte de tudo, ao Princípio criador, ao Ser ou à Inteligência universal.

Mais uma vez, não vamos nos apegar aos nomes, que não passam de uma forma de se referir a algo difícil de explicar. Costumo chamá-la de "minha Divindade interior" para deixar bem claro que não é um Deus exterior, mas uma energia de Amor Puro que é a origem da criação e que todos temos dentro de nós.

Uma lenda para recordar

O esquecimento de **quem** somos está tão enraizado que é necessário nos questionarmos sobre isso incessantemente.

Mesmo que você já conheça a lenda a seguir, deixe-me contá-la de novo. Leia-a com os olhos livres, como se fosse a primeira vez.

Conta uma antiga lenda hindu que houve um tempo em que todos os homens eram deuses. Mas eles abusaram tanto da divindade que Brahma decidiu despojá-los do poder divino e escondê-lo num lugar onde seria impossível encontrá-lo. O problema era achar um esconderijo adequado para esse poder divino. Quando alguns deuses foram convocados a um conselho para resolver o dilema, eles propuseram: **"Vamos enterrar a divindade do homem."** Mas Brahma respondeu: **"Não, é fácil demais,** porque o homem vai cavar e a encontrar." Então os deuses disseram: **"Nesse caso, vamos jogar a divindade no mais profundo dos oceanos."** Mas Brahma voltou a negar e explicou: **"Não, porque mais cedo ou mais tarde o homem vai explorar as profundezas de todos os oceanos e, com certeza, algum dia a encontrará e voltará a trazê-la à superfície."** Desconcertados, os deuses propuseram: **"Só resta o céu; sim, vamos esconder a divindade do homem na Lua."** Mas Brahma insistiu: **"Não,** porque algum dia o homem percorrerá o céu, viajará até a Lua e a encontrará." Os deuses concluíram: **"Não sabemos onde escondê-la, porque não parece existir, na terra ou no mar, um lugar aonde o homem não vá chegar algum dia."** Então Brahma disse: **"Eis o que faremos com a divindade do homem: vamos escondê-la nas profundezas de seu ser, porque esse é o único lugar onde não lhe ocorrerá procurar."**

Desde essa época, conclui a lenda, o homem percorreu a Terra, escalou, mergulhou e cavou, explorou a Lua e o céu, em busca de algo que só pode ser encontrado em seu próprio interior.

A QUEM ENTREGAR AS RÉDEAS?

Insisti muito na importância de assumirmos a responsabilidade total pelo que nos acontece na vida, mas agora chegamos a outra etapa fundamental desse processo.

Trata-se de colocar as rédeas da nossa existência nas mãos de nosso Eu maior.

Para explicar melhor, vou usar a metáfora da carruagem.

Convido você a imaginar uma carruagem puxada por cavalos. Nosso corpo é a carruagem e as memórias são os cavalos. Se não estivermos atentos, nos deixaremos levar pelos cavalos, que partirão em qualquer direção. Talvez se sintam atraídos por um pasto enorme, queiram nadar no rio ou simplesmente saiam a galope porque uma tempestade os assustou. Não teremos nenhum controle sobre a carruagem e logo nos sentiremos vítimas dos acontecimentos que marcam a viagem.

No entanto, esquecemos que a carruagem tem um cocheiro lúcido e de inteligência infinita que só espera uma coisa: que lhe entreguemos as rédeas.

Imagine como o caminho será fluido e aprazível quando a carruagem for conduzida por mão firme e segura. O cocheiro é nosso Eu maior, diretamente conectado à Inteligência universal, um GPS ultrapoderoso no qual podemos confiar plenamente, porque ele sabe o que é melhor para nós.

Ele conhece tão bem nosso caminho que saberá evitar até o menor obstáculo.

Esta é, portanto, a segunda e mais importante etapa: **confiar "as memórias" a meu Eu maior e à minha Divindade interior.**

Largaremos todas as nossas crenças e opiniões sobre a vida, as coisas, as pessoas, os acontecimentos e tudo o que achamos que sabemos e nos deixaremos guiar pela Inteligência divina. Abandonaremos a ideia absurda de que podemos controlar tudo a partir de nossa mente racional e confiaremos as memórias – que são a origem do problema em questão – ao nosso Eu maior e à nossa Divindade interior.

AS QUATRO FRASES

Estas frases exprimem a tomada de responsabilidade, o arrependimento e o desejo de retificar o erro, abrindo você ao amor e à gratidão, porque você confia que tudo acontecerá para o bem de todos.

"Sinto muito por aquilo que está em mim e que cria isso. Por favor, me perdoe. Eu te amo. Sou grato, sou grato, sou grato."

Sinto muito

Essa expressão me convida a me recolher ao meu interior. Em português, o verbo sentir remete a "perceber por meio dos sentidos". **"Sinto muito"** quer dizer "reconheço que em mim há algo – as lembranças – que se manifesta dessa forma no exterior". Ou seja, **"assumo a responsabilidade"**.

Me perdoe

O perdão que a prática do Ho'oponopono nos propõe a viver não é aquele com que estamos acostumados, em que há uma vítima e um culpado a quem ela deve perdoar.

O Ho'oponopono nos convida a voltar ao equilíbrio e a sair dessa dualidade do bem e do mal.

Você vai comprovar que não se trata de **"eu o perdoo"**, mas de **"peço perdão"**.

Gosto de definir o perdão como **uma mudança de percepção**, uma abertura para outra forma de ver as coisas.

Assim, ao pedir perdão, estou pedindo para mudar minha percepção. Meus pensamentos estão carregados de memórias e deformam minha percepção. Peço perdão e me perdoo por me deixar conduzir por essa programação inconsciente. É um ato de humildade em todo o seu esplendor.

Imagine uma porta que se fechou, como se uma parte de seu coração bloqueasse o amor. Com esse **pedido de perdão**, peço para reabrir essa porta e deixar outra vez passar a luz que me iluminará e me trará uma nova visão, a visão pelos olhos do amor.

Eu te amo

No baralho de Ho'oponopono que criei, a carta chamada **"Obrigado, eu te amo"** traz a ilustração do Sol.

Porque o Sol nos mostra esse Amor universal que se escreve com **A** maiúsculo.

O Sol ilumina e aquece todas as criaturas, sem distinção, sem pedir nada em troca.

Dá sem esperar retorno.

Podemos tomá-lo como modelo para a forma como exercemos o amor.

O Ho'oponopono significa amar nossas memórias.

Não há problemas no exterior, apenas memórias que se manifestam e se exprimem em nossa vida.

Ame seus inimigos e não terá mais inimigos. Nossos únicos inimigos são nossas memórias, que representam momentos em que nos faltou o amor, em que nos fechamos a ele. Toda vez que as memórias afloram à superfície, temos a oportunidade de corrigir esse erro. É a oportunidade de abrir a porta e escolher amar.

Outra forma de definir o amor é a aceitação total.

Aceitar é o mesmo que amar.

O Ho'oponopono nos convida a abraçar esse espaço de aceitação do que há, confiando todas as nossas resistências e todos os nossos sofrimentos ao nosso Eu maior.

Aceitar algo é a melhor maneira de transmutá-lo. O amor é o **faxineiro** universal. Pratique com as pequenas coisas da vida, saboreie a alegria e a paz que isso lhe dá e você se converterá num **professor** do amor.

Sou grato

Essa expressão, por si só, pode bastar para **limpar** e **liberar**. Dar GRAÇAS conscientemente nos abre para a energia maravilhosa da gratidão: nos instalamos numa atitude de confiança total na vida. Mas a experiência é melhor do que mil palavras...

EXPERIMENTE: passe um dia exprimindo sua gratidão por tudo o que se apresenta em sua vida, sem levar em conta se é agradável ou desagradável.

Sou grato, sou grato, sou grato

Seja **grato** aos seus amigos, aos seus familiares, à vendedora, ao padeiro, ao vizinho, ao seu chefe, ao canto de um pássaro, ao boleto que chegou hoje, ao raio de sol que atravessa o vidro, ao engarrafamento na volta do trabalho, ao telefonema da amiga, a essa dor no corpo. Procure fazer isso com a maior frequência possível, conscientemente, para sentir todo o efeito que provoca.

Um pequeno truque: escreva as palavras SOU GRATO numa pedrinha e leve-a sempre no bolso. Sempre que tocar a pedra, você se lembrará de dizer **"SOU GRATO, SOU GRATO, SOU GRATO"**. Encontre outros truques para se lembrar: post-its, mensagens...

LIBERAR AS EXPECTATIVAS

Chegamos à terceira etapa importante. Depois que assumimos a responsabilidade e nos tornamos conscientes de que os problemas não passam de memórias que se manifestam, depois que confiamos sua transformação à nossa divindade interior, não nos resta nada a fazer.

E talvez isso seja o mais difícil, porque costumamos esperar um resultado e, se as coisas não acontecem como **queremos**, chegamos à conclusão de que **não deu certo**.

Observe todos os **"quero"** e **"não quero"** que você guarda na consciência.

Acha que fazem você feliz? Ou será que, pelo contrário, lhe trazem uma sensação de carência?

Toda vez que alimento uma dessas **"necessidades"** que considero indispensáveis para minha felicidade, alimento a sensação de **carência** e, por essa razão, não consigo ficar em paz. Lembre-se de que **nossos**

pensamentos são criadores, mas nossas emoções e sensações também são.

Quando percebo a **carência**, o que estou criando? Acreditar que a felicidade possa vir do exterior é uma ilusão.

Quando estamos em paz, todas essas falsas **necessidades** desaparecem num passe de mágica.

O Ho'oponopono nos convida a passar para outro nível. Ele nos convida a cultivar a confiança em nosso Eu maior, que, por estar vinculado à divindade, sabe melhor o que é bom para nós do que nossa mente racional.

Essa é a verdadeira libertação.

Portanto, toda vez que nutrimos expectativas sobre como os acontecimentos **devem** se desenrolar, precisamos lembrar que as expectativas também são criadas a partir de memórias do passado. E, assim, só nos resta uma coisa a fazer: **limpar, limpar e limpar**.

Com a prática, você vai entender que **limpar** quer dizer **liberar**. Quando liberamos nossas expectativas, quando nos deixamos levar pelo fluxo da vida, começamos a nos maravilhar com todos os milagres, grandes e pequenos, que ela nos reserva.

O ESTADO ZERO OU ESTADO DE VAZIO

É assim que alcançaremos o estado em que não há nenhum apego nem aversão, no qual não existe **"quero"** nem **"não quero"**, esse estado de paz que chamamos de estado zero ou estado de vazio.

Nessa página em branco, você pode escrever palavras novas, dados novos trazidos pela inspiração.

A inspiração vem diretamente de nossa divindade interior. Ela clareia nossa mente e muda nossa forma de ver as coisas. O que considerávamos um problema desaparece por completo de nossa consciência, dando lugar a uma nova compreensão, iluminada pelo amor.

Estamos criando um mundo novo e comprovamos todos os dias que **os antigos esquemas** não funcionam mais. Podemos observar isso em todos os âmbitos da vida: na educação, na economia, em nossas relações com os outros... Sentimos que temos que encontrar novas formas de viver. Percebemos que o que era certo no passado não é mais certo hoje.

Compreender isso é fundamental, pois esse mundo novo só pode ser criado a partir de informações totalmente novas e surgidas diretamente da inspiração.

Nossa mente funciona a partir de dados do passado e, portanto, continuamos produzindo os mesmos esquemas. Mas comprovamos que isso não funciona, e esse mundo antigo se desfaz ao mesmo tempo que o novo surge.

Foi por essa razão que tanta gente adotou o método Ho'oponopono nos últimos anos, porque ele chega no momento ideal para nos ajudar a desfazer a carapaça de crenças, opiniões, hábitos e velhos esquemas e a abrir espaço para as novas informações que vêm da sabedoria interior, alimentada pela inspiração.

"Nem se põe vinho novo em vasilha de couro velha; se o fizer, a vasilha rebentará, o vinho se derramará e a vasilha estragará. Pelo contrário, põe-se vinho novo em vasilha de couro nova; e ambos se conservam." (Mateus, 9:17).

O ESSENCIAL DO ESSENCIAL

E assim chegamos ao fim desta obra, na qual transmiti o essencial da minha prática do Ho'oponopono e compartilhei o que ela me trouxe.

Se nos concentramos no essencial, posso assegurar a você que o Ho'oponopono é muito simples.

Ele pode ser resumido em uma palavra: **amar**.

Quando peço à minha alma que fale comigo, que me dê algum conselho, ela sempre me responde com uma vozinha doce que agora reconheço: **"Ame."**

Essa resposta simples sempre me surpreende e minha mente quase me diz que já sabia.

E talvez o amor nos convide a nos aprofundarmos nessas coisas simples, não com a mente, mas com a experiência direta, para que nos revelem os tesouros que contêm.

Convido você a explorar junto comigo o amor verdadeiro. Comecemos citando alguns exemplos que não correspondem ao amor ao qual nos referimos aqui. Vamos escrevê-lo com **A** maiúsculo para marcar a diferença.

O Amor não é uma emoção, como, por exemplo, o amor passional que encontramos em filmes e livros.

O Amor não é apego, sentimento que nos faz crer que precisamos do outro ou de algum elemento exterior para sermos felizes.

O Amor não aspira a mudar o outro (nem mesmo para o bem dele) nem controlar ou mudar as situações da vida; o Amor não julga nem compara.

ENTÃO, O QUE É O AMOR?

O VERDADEIRO AMOR É A ACEITAÇÃO TOTAL.

AMAR É DAR SEM PEDIR NADA EM TROCA.

AMAR É SE IDENTIFICAR COM O OUTRO; COMPREENDER QUE O OUTRO SOU EU.

E esta ideia importante que esquecemos:

Experimentamos o Amor quando o oferecemos, quando amamos.

Passamos a vida buscando o amor e a aprovação dos outros, e isso nos leva a negar e a esquecer quem somos. Já comprovamos que isso não dá certo e deve ser deixado para trás. Podemos decidir inverter o velho costume de querer ser amado, de exigir amor, para começar a experimentar a alegria de dar, a liberdade de Amar sem esperar nada em troca.

Amar é uma decisão. Uma decisão que podemos tomar a cada instante.

Somos criações PERFEITAS, somos a vasilha de luz perfeita que espera brilhando no fundo de nós mesmos. Mas nos esquecemos, e todas as pedras que guardamos dentro de nós nos impedem de ter consciência disso.

Está na hora de virar a vasilha, de deixar caírem as pedras que escondem a luz e o Amor que somos e sempre fomos. Nossa dificuldade de amar os outros e a nós mesmos vem desse esquecimento, dessa falta de reconhecimento de quem somos de verdade.

SOMOS CENTELHAS DIVINAS.
SOMOS PUROS E PERFEITOS.

Quando tomamos consciência de nossa essência, não podemos fazer nada além de Amar, porque esse é nosso estado natural.

A escuridão, assim como o medo, não passa de ausência de Amor e de luz. É preciso transmutar todas aquelas lembranças nas quais nos faltou Amor. Podemos fazer isso em nosso próprio interior. Graças a essa alquimia que acontece dentro de nós – onde podemos unir sombra e luz para abandonar definitivamente esse mundo de dualidade –, tomaremos consciência do ser único e magnífico que somos. E, consequentemente, seremos capazes de reconhecer essa qualidade em cada pessoa que encontrarmos. Será o maior presente que poderemos oferecer ao mundo. Cuide de você e de sua criança interior; diga-lhe que é pura e perfeita. Busque sempre a simplicidade.

E preste atenção ao essencial: **AMAR, AMAR E CONTINUAR AMANDO.**

É assim que você permitirá que esse Amor que tem dentro de si brilhe com toda a força e verá que as lembranças derretem como a neve sob o sol.

Sou grata, te amo.

Maria-Elisa.

Para saber mais sobre os títulos e autores da Editora Sextante,
visite o nosso site e siga as nossas redes sociais.
Além de informações sobre os próximos lançamentos,
você terá acesso a conteúdos exclusivos
e poderá participar de promoções e sorteios.

sextante.com.br